INFORMATION PASSÉE
par le châtelain de Montmelas contre les capitaines Saupiquet & Genoy — 1575

PUBLIÉE PAR I. MOREL DE VOLEINE

IMPRIMERIE MOUGIN-RUSAND
RUE STELLA, N° 3
LYON
1897

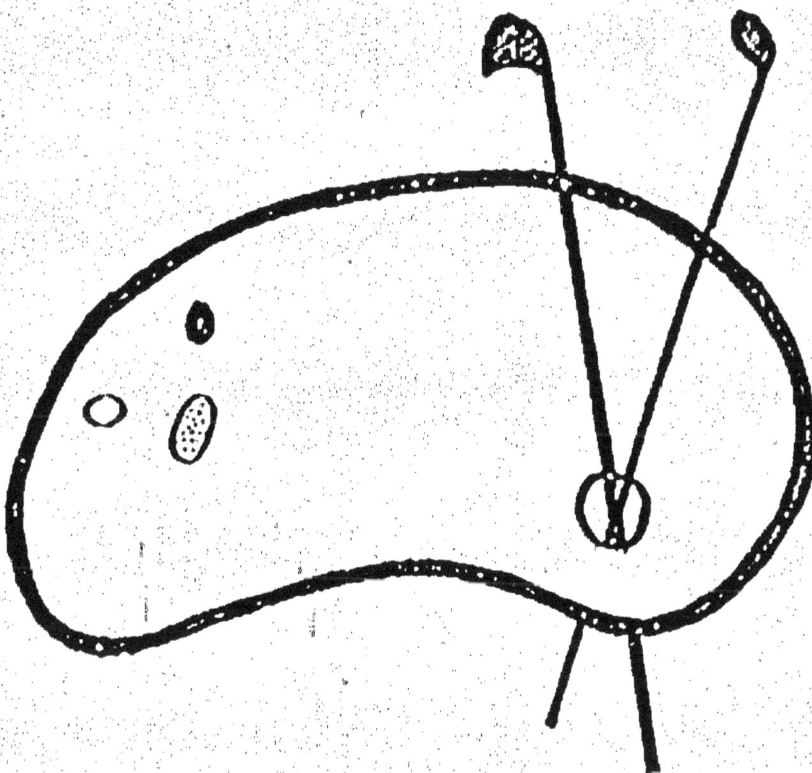

FIN D'UNE SERIE DE DOCUMENTS
EN COULEUR

INFORMATION

Passée par le châtelain de Montmelas contre les capitaines Saupiquet et Genoy

— 1575 —

Extrait de la *Revue du Lyonnais*

Septembre 1897

INFORMATION PASSÉE
par le châtelain de Montmelas contre les capitaines Saupiquet & Genoy — 1575

PUBLIÉE PAR L. MOREL DE VOLEINE

IMPRIMERIE MOUGIN-RUSAND
RUE STELLA, N° 3
LYON
1897

INFORMATION

Passée par le châtelain de Montmelas contre les capitaines Saupiquet et Genoy

— 1575 —

Guerres civiles et religieuses, massacres, pillages, épidémies et famines, tel est le bilan de la seconde moitié du seizième siècle dans nos provinces. A tous ces maux il faut en ajouter un autre, plus spécial aux campagnes, les ravages causés par des troupes d'hommes d'armes parcourant le pays, rançonnant l'habitant et ne vivant que de vol et de rapine. Ce n'était pas assez pour les habitans de Villefranche et des environs d'avoir eu à subir les violences du baron des Adrets en 1562, la peste en 1564, la famine et une nouvelle épidémie en 1573 (1). Des bandes d'aventuriers, souvent même de

(1) Voir la notice de M. le docteur Missol : *La famine et l'épidémie à Villefranche en 1573*. — *Revue du Lyonnais*, 3e série, tome 15, 1873.

troupes régulières se répandaient dans nos contrées, cherchant leur solde dans le pillage, méprisant les lois et les seigneurs. Une pièce conservée dans les archives de Montmelas, château seigneurial dont dépendait la paroisse de Cogny, signale les exploits de quelques uns de ces routiers, car on peut les nommer ainsi. Victimes et témoins déposent devant le magistrat du château, et il est à regretter que l'information ci-dessous ne donne pas de détails sur les chefs ni sur le parti auquel ils appartenaient. Il eût été intéressant de savoir où ils allèrent ensuite et ce qu'ils devinrent. Mais quoique incomplète la relation contenue dans ce document, forme un chapitre curieux de l'histoire particulière des paroisses de ce canton.

« L'an mil cinq cens soixante quinze, et le lundy vingt quatrièsme jour d'octobre, George Duchamp, Pierre Duchamp et Estienne Germain dict Duchamp, laboureurs de la paroisse de Coigny, ont déclaré et se sont rendus plainctifs à nous Pierre Ouvise, notaire royal, chastellain de Montmallas, à l'encontre d'ung se disant cappiteyne de gens de pied qui se nommoit que il disoit le cappiteyne Saupiquet ou de la Guilloutière de la ville de Lyon et des soldarts qu'il mesnoit, questoit en nombre de vingt-cinq ou trente soldarts qu'il mesnoit avec luy; sur ce que nonobstant que par les ordonnances du Roy nostre sire il soit prohibé de tenir les champs et louger à dyscrettion chez les paouvres laboureurs, synon en payant de gré à gré et de ne faire aulcune larressins, ransonnemens, pillages, violances ny aultres voy deffect, ains de vivre paysiblement et quieltement, ce nonobstant le jour d'hier dimanche, envyron l'heure de neuf à dix heures de mattin, le dict cappiteyne accompagné de ses soldarts venant de la paroisse de Ville (1) et mayson d'honneste Anthoine de la Coste distant de la maison des dicts dénonceans de demi quart de lieue, entrarent ès maisons des dicts dénonceans que sont esté aultrefois divisé d'ensemble en ung mêsme masage et lieu escarté et loing d'aultres maisons, disant mêsme le dict cappiteyne qu'ils estoient lougés céans et que par la Teste-Dieu, par la Mort Dieu ils n'en délougeroient poinct tant qu'il leur plairoit, sy on ne leur bailloit six ou quatre escus pour le moings, et restant beurrent et mangearent à leur plaisir, et estant priés de la part des dicts dénonceans de délouger et aller aultre part plus loing atendu qu'ils avoient faict si petite trête, dirent mesme le dict cappiteyne que par la Teste-Dieu ils ne délougeroient poinct sans avoir argent; que sy on ne leur bailloit pour le moings quatre escus, qu'ils débocheroient par dessous les toneaulx plans de vin des dicts denonceans, et qu'ils feroient répandre le vin des dicts toneaulx; tellement que les dicts denonceans pour à ce obvier furent contrainets de composer avec les dicts cappiteyne et souldarts pour les faire délouger à la

(1) Villé. Ville sur Jarniaust, ou Jarniost, Jarnieux, Jarnioux. Paroisse du Lyonnais, limitrophe de celle de Cogny dont elle est séparée par le ruisseau le Morgon qui formait la limite du Lyonnais. En cette paroisse se trouvait le château de Jarnioux possédé par la famille de Gletteins au XIIIe siècle et plus tard, au XVIe, par Guillaume Henry, échevin de Lyon en 1546, 1550, 51, 56, 57, 61 et 62. Guillaume Henri se signala à Lyon en contribuant à repousser les tentatives des huguenots contre la ville. En 1642, Jarnioux était à Catherine Henry, femme de Claude Ménardeau. Renée Ménardeau le possédait en 1717 avec son mari François-Louis de Lostanges. En 1771, Jacques Michel Sahuc de Planhol en était propriétaire et son gendre Gabriel de Clavière le transmit à ses descendants qui le possèdent encore aujourd'hui.

somme de sept testons de roy de ranson, laquelle somme le dict cappiteyne reçeut des dits dénonceans et en mesme instant, illec arriva noble Jehan Arod (2), escuyer, seigneur de Montmallas, Ronzières et Clervaulx, lequel pria le dict cappiteyne de voula délouger des maisons des dicts dénonceans. Lequel cappiteyne luy fict response qu'il délougeroit quand il luy plairoit, qu'il estoit aussi grand seigneur et

(2) Jehan Arod, fils de Louis Arod, seigneur de Ronzières, et de Isabeau de Gaste, fille de Jacques de Gaste, seigneur de la Bastie en Dauphiné, et de Jeanne de Ronchivol, épousa, en 1557, Barbe de Signolles, fille de Florent de Signolles et de Marguerite de Montregnard, qui lui apporta le domaine de Serfavre, vieux château existant encore sur la paroisse actuelle de Rivolet. Jehan Arod acheta, en 1566, la terre et seigneurie de Montmelas, vendue par Ludovic de Gonzague, duc de Nivernais, et Henriette de Clèves, sa femme. Il en prit possession en 1567, et cette même année le duc de Montpensier ayant fait opposition à la prise de possession se basant sur ce que la dite seigneurie avait été autrefois aliénée par les ducs de Bourbon à charge de réméré et demandant à l'exercer, un arrêt du Parlement de Paris le débouta de ses prétentions en 1573. Jehan Arod put jouir paisiblement de sa seigneurie, et fut autorisé à exercer les droits de justice haute moyenne et basse par arrêt de 1578. Jusqu'au commencement de ce siècle la famille d'Arod a été propriétaire de Montmelas et cette terre passa à la famille de Tournon par le mariage, en 1828, de mademoiselle d'Arod avec le marquis Charles Just de Tournon-Simiane.

Montmelas possédait la justice sur Cogny qui comprenait alors les deux paroisses actuelles de Cogny et de Rivolet, divisées en 1789. Déjà en 1781, une annexe avait été instituée à Rivolet avec un vicaire, dépendant de la cure de Cogny.

On peut supposer que lorsque M. d'Arod rencontra les soldats et le capitaine il était faiblement escorté et dépourvu d'armes. En tous cas ses intentions étaient des plus pacifiques et nullement hostiles.

Voir sur Montmelas : *Album du Lyonnais*, 1843, *La France par cantons et par communes*, par Théodore Ogier, département du Rhône, et l'*Histoire du Beaujolais*, par la Roche-Lacarelle, tome II.

cappiteyne que lui, qu'il n'avoit rien à luy commander, et que par la Mort-Dieu, s'il se faschoit, qu'il le rambarreroit aussy bien qu'il avoit rembarré le jour d'hier dimanche ceulx de Ville sur Jarniaust, et qu'il ne creygnoient poinct le dict seigneur de Montmallas. Lequel seigneur leur dict : E bien Messieurs, vous fairez comme il vous plaira, et après le dict seigneur s'en alla à Coigny, et les dicts souldarts demurarent aux maisons des dicts dénonceans, et tantost après et qu'ils eurent beu, mangé à leur ayse s'en allarent contre le bourg de Coigny emportant les dicts sept testons ; requerant justice leur estre faicte et qu'il soit enquis avec les tesmoings que de leur part seront ministrés, protestans faire partie de temps et lieu. »

« Et nous, chastellain susdict nous fusmes enquis avec les tesmoings après nommés, adjournés par Jehan Menestry, sergent ordinaire, comme il a rapporté de vive voix. »

« Pierre Courtois, Jacques Benier et Claude Buix dict Auryon. » (Dépositions conformes à la plainte.)

« Claude Blassy laboureur de Dénicy (3), aagé de quarante cinq ans ou envyron, comme il a dict, lequel par serment qu'il a faict aux saincts évangilles de Dieu, dépose sur le contenu de la plaincte et dénonciation sus escripte, circonstances et deppendances, et dict que hier dimanche, il se transporta de Dénicy à Coigny pour ce qu'il avoit oui dire qu'il y avoit des gens d'armes lougés, et comme il fut

---

(3) Dénicy, Denicé, Paroisse du Beaujolais voisine de Cogny. En 1087 les églises de Ste-Marie de Dénicé et de St-Germain de Cogny ayant été données à l'abbaye de Savigny par le sire de Beaujeu, ce monastère établit un prieur à Denicé, lequel nommait à la cure de Cogny. En même temps que ces deux églises, la chapelle de Montmelas, fut cédée aussi à Savigny.

au lieu de Champatin (4) il vit descendre une compagnie de soldarts par le chemin tendant des maisons Duchamp à la croix de Rampaulx (5) du dict Coigny, et lequel déposant ce voyant s'en alla par le dict chemin jusques à la chapelle de Sainct-Claude (6) située au mas de Rigny auquel lieu il demeurat jusques à ce que la compagnie fut illec arrivée. Et y estant quatre soldarts de la sus dicte compagnie ayant chascun une arquebouze se séprarent de la dicte compagnie et coururent après quelques gens du dict masage de Rigny et leur tirarent troys ou quatre coups d'arquebouze et sans que les paouvres gens leur fissent aulcun tort et les chassarent tirant contre le masage de Rigny, et ce faict se remirent dans la troupe et tous ensemble allarent jusques au lieu appelé le treyve Morel (7)

---

(4) Champatin, territoire au couchant du bourg de Cogny, en montant vers la montagne de Chatoux, point culminant des montagnes qui, au-dessus de Cogny, séparent la vallée de la Saône de celle de l'Azergues.

(5) Croix de Rampaulx. Cette croix, qui n'existe plus, se nommait avant la Révolution, croix de Lucardière, et était située à l'intersection du chemin de Villefranche à Chamelet et du chemin de Cogny à Régny et à Montmelas.

(6) Chapelle St-Claude. Cette chapelle existe toujours, bien que ne servant plus que de grange à fourrage. Elle avait son cimetière et devait dépendre d'une des nombreuses prébendes qui existaient à Cogny. Elle est un précieux spécimen d'architecture rurale, et est construite suivant toutes les règles liturgiques. En 1790, le 14 juillet, jour de la fête de la Fédération, il y fut célébré une grand'messe à laquelle assista la municipalité. Rigny ou Régny est une des principales agglomérations ou hameaux de Cogny.

(7) Treyve-Morel. Le mot de treyve est du bon langage de nos pays et veut dire carrefour, croisée de chemins. Le Treyve-Morel dont le nom subsiste encore est la jonction du chemin de Régny à Cogny,

auquel lieu ils se arrestarent quelque peu de temps. Cependant, le seigneur de Montmallas accompagnié de ses serviteurs et quelque peu de gens sortant de la messe arrivarent près le treyve-Morel et y estant, le seigneur de Montmallas appela à haulte voys le cappiteyne qui mesnoit la dicte compagnie luy disant par tels mots : « Mon cappiteyne, parlez à moy et à foy sans doutte ni crainte. Je vous prie, montrez moy vostre commission. » Lequel cappiteyne qui se nommoit comme l'on dict le cappiteyne Saupiquet ou de la Guillotière de Lyon, lequel cappiteyne fit response au dict seigneur de Montmallas qu'il ne feroit rien, et ayant une rondache au poin se retira sept ou huict pas vers ses soldarts, et leur dict par semblables mots : « Sus soldarts, courage, arquebouziers de main en main, tuez, tuez. » Lors les soldarts se prindrent à tirer contre le seigneur de Montmallas, ses serviteurs et aultres de sa compagnie et leur tirarent quinze ou vingt coups d'arquebouze sans que le dict seigneur ny ceulx qui estoient avec luy leur voullussent faire aulcun mal. Et ce faict les dicts soldarts s'en allarent tirant contre le treyve des Bussières. Qu'est ce tout ce qu'il a dict sçavoir, et n'a signé sa déposition pour ne sçavoir escrire. »

« Benoit Picard dict Damiron de Dénicy aagé de trante ans ou envyron que il a dict, adjourné par le dict Ménestry sergent, lequel moyennant le serment qu'il a faict aux saincts Evangilles de Dieu, dict et dépose sur le contenu de la dénonciation sus escripte, circonstances et deppendances d'icelle et dict que hier dimanche, accompagné

---

de Cogny à Montmelas et d'un autre chemin allant à Dénicé par le treyve-Fontoin, vraisemblablement le treyve des Bussières dont il est ci-dessus parlé.

d'André fils de Claude Picard du dict Dénicy, il alla ez la peroisse et lieu des Peyneaulx pour sçavoir où une compagnie de gens de pied qu'estoit au dict lieu des Peyneaulx conduicte par ung cappiteyne appelé le cappitaine Genoy, et illec estant, envyron heures de dix heures de mattin, vit le cappiteyne s'achemina du lieu des Peyneaulx à Coigny par le chemin tendant du dict lieu des Peyneaulx à la rivière de Morgon, et que il fut en dessoubs du dict lieu des Peyneaulx il vit des gens qui venoient de la première messe de Coigny. Lors le dict cappiteyne dict par semblables mots : Voyla des gens embusqués, je ne les veux pas prandre par le dessoubs, mais je les veux prandre par le dessus. Par le sanc-Dieu, je fôtterey leurs femmes et sy les brulerey, et pandrey les hommes par le vit et sembleront une chassière (8), et reytera les susdictes parolles troys ou quatre foys. Et après, le dict cappiteyne et sa dicte compagnie s'en allarent passer au lieu de la Varenne (9) et dellà aux maisons Duchamp, et le dict déposant et André Picard allarent au bourg de Coigny et dellà le dict André Picard s'en alla à Dénicy et le dict déposant demeura au bourg de Coigny pour ce qu'il n'ouyct dire à Claude Carrans de Coigny que la dicte compagnie venoit lougé à Coigny. Et à l'Issue de la grand messe du dict Coigny, le seigneur de Montmallas, deux de ses serviteurs et quelques aultres gens qui le suyvoit arrivarent au bourg de Coigny

---

(8) Chassière, chaussiri, tannerie, vieux patois. Voir les glossaires de MM. Onofrio et Tisseur.

(9) Les Peyneaulx et la Varenne, hameaux ou masages de la paroisse de Ville, au pied de la montagne de Chatoux. C'est non loin de la Varenne que le Morgon prend sa source pour descendre à la Saône en traversant Villefranche.

venant des maisons Duchamp et allarent contre le lieu appelé le treyve-Morel, auquel lieu le dict cappiteyne et ses soldarts estoient arrêtés. Auquel cappitaine le dict seigneur de Montmallas dict à aulte voys par tels mots : « Mon cappiteyne, parlez à moy à la foy. Ont ne vous veux poinct faire de mal; je vous prie montrez moy vos commissions. » Lequel cappiteyne dict qu'il n'en feroit rien, et ce disant se recula de sept ou huict pas portant ung tobache ou rondache au poin, et dict à ses soldarts par tels mots : Sus, soldarts, prenez courage, arquebouziers de main en main, ventre-Dieu, tues, tues tout, et tirarent envyron douze ou quinze coups d'arquebouze contre le dict seigneur de Montmallas, ses serviteurs et aultres assistans, et près s'en allarent contre le treyve des Bussières ; comme il a dict et plus n'en dépose et n'a signé sa déposition pour ne scavoir escrire. »

« André fils de Claude Picard de Dénicy. » (Déposition semblable déclarant qu'arrivé aux maisons Duchamp il s'en va à Dénicy en la maison de son père, et signe sa déposition.)

« Pierre de la Mercery, dict Combrichon, laboureur de la paroisse de Dénicy, aagé de trente ans ou envyron, adjourné par le dict Menestry sergent, comme il nous a rapporté de vive voix, lequel de la Mercery par serment faict aux saincts Evangilles dict et dépose sur le contenu de la plaincte et dénonciation sus escripte, circonstances et dépandances d'icelles, scavoir que, hier dimanche, envyron l'heure de dix à unze heures de mattin, il alla en la paroisse de Coigny tirant contre Corcelles (10) au devant de

---

(10) Corcelles, terres et maisons qui, au siècle dernier, sont mentionnées comme fief dans les almanachs de Lyon.

En 1699, Marc de St Georges, fils légitime et naturel (*sic*) de Antoine

quelques gendarmes lougés au dict Coigny lieu des Champs et y allant les rencontra au lieu du Crot au Morgue et les ayant rencontré pria le cappiteyne de ne aller louger au lieu de Dénicy, et le dict cappiteyne luy dict. « Vientan, vientan, allons. » Et comme ils furent au treyve lez le masage de Rigny les dicts cappiteyne et soldarts s'arrestarent et le cappiteyne descendit de cheval et dict aux soldarts : « Ça, ça, arquebouziers, chargez de main en main ; par la mort-Dieu, voyci des gens qui viennent contre nous, il faut scavoir que c'est. « Et tantost après arriva le seigneur de Montmallas avec ses serviteurs et quelques aultres, et comme ils y furent, le dict cappiteyne dict à ses soldarts : tirés, tirés, tuez, tuez et les dicts soldarts tirarent quinze ou vingt coups d'arquebouze à l'encontre du dict seigneur de Montmallas, ses serviteurs et aultres de sa compagnie, encorre que le dict seigneur ny aultres ne leur faisoient tort, ains leur voulloyt parler à la foy, et ce faict les cappiteyne et soldarts s'acheminarent tirant contre le treyve des Bussières. Qu'est tout ce qu'il a dict scavoir, et na signé sa déposition pour ne scavoir escrire. »

« Jehan Philibert, dict des Aydoues, laboureur de la

---

de St-Georges, seigneur de St-André (très probablement un frère ou un neveu de Monseigneur Claude de St-Georges, archevêque de Lyon) sont avisés d'avoir à reconnaître au profit de madame Marie de Capponi, veuve et héritière bénéficiaire de messire Gaspard d'Arod de Montmelas : de la reconnaissance de Jean de Damas, seigneur d'Estieugues et de Corcelles, certaines maisons hautes et basses, avec un colombier, sises en la paroisse de Cogny au lieu dict de Corcelles jouxte le chemin tendant de Villefranche à Chamelet, etc.

Corcelles passa ensuite à M. d'Epinay de Laye. En 1759 il était à M. Vital Germain, et en 1789 à M. Duchamp ; il n'est pas sorti de cette famille.

paroisse de Mardore, aagé de soixante ans ou envyron, que il a dit, adjourné par le dict Menestry sergent, que il a rapporté, dict et déposé sur le contenu en la plaincte et dénonciation sus escripte circonstances et deppandances dicelle, scavoir que hier dimanche il estoit ez la paroisse de Coigny et lieu de Rigny auprès de la chapelle St Claude, envyron l'heure de mydy, duquel lieu il vit descendre une compagnie de gens de pied que l'on disoit venue des maisons Duchamp, et alloyent par le chemin tendant du Crot au Morgue à la Croix de Rampaulx de Coigny, et comme ils furent en l'endroict et chapelle de St Claude et après d'icelle, quatre des soldarts se sépararent de la dicte compagnie chascun une arquebouze au poin et à grans coups d'arquebouze ils tirarent contre Claude Alaposse, George Mantelly et aultres habitans du dict masage de Rigny qui les regardoient passer sans leur faire tort ny deplaysir, et ce voyant les dicts Alaposse et aultres senfuyrent tirant contre le dict masage de Rigny et cessant les soldarts s'en retournarent en leur dicte compagnie, et ce faict le déposant sen alla au dict masage de Rigny, duquel lieu il ouyt tirer quinze ou vingt cops d'arquebouze aux dicts soldarts au lieu du treyve Morel comme il a dit et plus n'en dépose et n'a signé sa déposition pour ne scavoir escrire. »

« Comme dessus est contenu, ont dict et déposé les dicts huict tesmoings par devant nous chastellain susdict et en présence de notre commis et greffier subsigné. »

« Ouvise, chastellain. » « Duverney, commis greffier. »

LYON. — IMPRIMERIE MOUGIN-RUSAND

www.ingramcontent.com/pod-product-compliance
Ingram Content Group UK Ltd.
Pitfield, Milton Keynes, MK11 3LW, UK
UKHW032039260826
14628UKWH00007B/3052